SYLVANUS Mulowayi Wa Kayumba

SURCHARGE

SYLVANUS Mulowayi Wa Kayumba

SURCHARGE

Plus de Charge

Éditions Croix du Salut

Imprint

Any brand names and product names mentioned in this book are subject to trademark, brand or patent protection and are trademarks or registered trademarks of their respective holders. The use of brand names, product names, common names, trade names, product descriptions etc. even without a particular marking in this work is in no way to be construed to mean that such names may be regarded as unrestricted in respect of trademark and brand protection legislation and could thus be used by anyone.

Cover image: www.ingimage.com

Publisher:
Éditions Croix du Salut
is a trademark of
Dodo Books Indian Ocean Ltd., member of the OmniScriptum S.R.L Publishing group
str. A.Russo 15, of. 61, Chisinau-2068, Republic of Moldova Europe
Printed at: see last page
ISBN: 978-620-3-84270-8

Copyright © SYLVANUS Mulowayi Wa Kayumba
Copyright © 2021 Dodo Books Indian Ocean Ltd., member of the OmniScriptum S.R.L Publishing group

SURCHARGE

Sylvanus MW

SURCHARGE

INTRODUCTION

« Venez à moi, vous tous qui êtes fatigués et chargés, et je vous donnerai du repos.

Prenez mon joug sur vous et recevez mes instructions, car je suis doux et humble de cœur; et vous trouverez du repos pour vos âmes.

Car mon joug est doux, et mon fardeau léger. » Mathieu 11 :28-30

Sans Jésus, il n'y aura pas de repos. Je parle du vrai repos qui commence dans le fond du cœur de l'homme pour se manifester dans sa vie de tous les jours.

Les gens sont surchargés à l'instar des deux camions que l'on peut voir cette la couverture interne de cet exploit.

Dans ce cas, il s'agit des camions et des chauffeurs qui refusent de respecter le code de la route et le règlement sur le chargement.

Les passagers y sont aussi pour quelque chose. Ils acceptent de prendre le risque avec leurs marchandises.

On ne vit qu'une seule fois et après vient la jugement dernier au cours duquel tous les hommes rendront compte devant Dieu.

Les gens sont chargés, mais ils ne sont pas encore fatigués. Ou alors ils ne savent pas où aller déposer leurs charges.

L'appel vient du Seigneur et la réponse devra venir de celui qui est chargé et fatigué.

Jusqu'à quand vas-tu continuer à porter cette charge:

- De l'impudicité,
- De l'impureté,
- De la dissolution,
- De l'idolâtrie,
- De la magie,
- Des inimitiés,
- Des querelles,
- Des jalousies,

- Des animosités,
- Des disputes,
- Des divisions et
- Des sectes
- De l'envie,
- De l'ivrognerie,
- Des excès de table et
- Des choses semblables.

La charge susmentionnée est plus grande que celle des deux camions sur la couverture internes de ce livre.

Ces charges païennes se retrouvent partiellement dans nos églises locales où il y a très peu de filles vierges car l'impudicité et l'infidélité nous ont envahis.

Les divisions dans les familles et dans la société nous affaiblissent sans le savoir.

A table, c'est de la compétition conduite par l'envie et l'ivrognerie et les excès de table.

Les autres sont surchargés par la haine et la jalousie comme ce le fut dans le cas de Caïn qui tua son propre frère.

Des enfants de Dieu qui ne se parlent plus et qui se maudissent mutuellement, de fois juste pour des futilités !

Il est grand temps que l'on aille vers Celui qui a le premier et le dernier dans la vie de nous !

Il nous invite à venir déposer nos charges auprès de lui et nous promet de nous donner du repos.

Oui, c'est Jésus qui est le Maître du Sabbat. En faisant une rencontre personnelle avec lui, on obtient le véritable repos.

Son joug est doux et sa charge est légère.

En lui, nous avons une double mission :

- Lui appartenir et
- Le servir.

En gardant ses préceptes qui nous conduiront dans la paix et dans la justice.

Il ne suffit pas de servir le Seigneur. Il faudra être un bon et fidèle serviteur afin d'obtenir la couronne de gloire.

Et le code de route dans la matière spirituelle qui est la base de tous les domaines de la vie consiste à demeurer dans :

- La foi,
- L'obéissance
- La fidélité et
- La discipline.

On ne peut pas créer un ministère dans un autre ministère car nous ne sommes pas en compétition, mais travaillons ensemble pour l'avancement du royaume de Dieu dans notre dispensation.

On ne peut pas se prétendre avoir en soi les 5 ministères et on ne peut pas négliger le don des autres.

Les charges physiques, matérielles, financières et émotionnelles dépendant de la charge spirituelle qui est en nous.

Il est anormal de mettre sa valise sur ses jambes dans un véhicule. Il faudra la placer à l'endroit prévu pour les bagages.

Le péché est une surcharge qui amène son titulaire à la mort.

Il faudra se décharger du péché en croyant en Jésus et en prenant la ferme décision de le suivre tous le reste des jours de notre trotte sur cette des hommes.

Dans un couple, après la fécondation, c'est la femme qui prend la charge du futur enfant dans la grossesse et cela sans parité.

Mais la charge matérielle et financière d'accompagnement de la femme pendant cette période revient le plus souvent au père du futur enfant.

C'est à cause de cela que l'on demander aux couples de se contenir afin d'avoir des enfants qu'ils peuvent bien faire grandir, sans que ces derniers ne soient pas une surcharge.

Le plaisir de ce monde ressemble à un comprimé que l'on donne à un enfant. Il y a une petite couche de sucre à sa superficie, mais dès qu'on fait boire de l'eau à l'enfant malade, il est contraint de l'avaler.

Ne soyons pas esclaves du plaisir de ce monde. Tout ce qui se passer à la télévision, dans la société ou dans les réseaux sociaux ne constitue pas une bonne nourriture pour la survie de l'homme intérieur et de l'homme extérieur.

Nous devons faire le bon choix car la surcharge spirituelle précipite la vie physique, matérielle, financière et même émotionnelle de la personne.

Dieu a besoin de notre cœur pour annoncer la Bonne Nouvelle à ceux qui sont encore sous le joug de la chair sans savoir ce qui leur attend derrière le dernier rectangle.

Et le diable force la porte de notre cœur pour manifeste sa méchanceté et sa haine sans raison fondée envers les hommes !

Nous avons tous, 24 heures dans un jour. Mais chacun de nous doit apprendre à gérer le temps afin de ne pas être surchargé inutilement !

Tout le monde a une charge particulière car nous n'avons pas la même responsabilité et les mêmes charges.

La vraie paix et le vrai repos sont en Jésus, car ils nous conduisent dans la vie éternelle.

L'Auteur

VERSION ANGLAISE

ENGLISH VERSION

OVERLOAD

Sylvanus MW

OVERLOAD

INTRODUCTION

"Come to me, all of you who are weary and burdened, and I will give you rest.

Take my yoke upon you and receive my instructions, for I am gentle and lowly in heart; and you will find rest for your souls.

For my yoke is easy, and my burden is light."Matthew 11: 28-30

Without Jesus there will be no rest. I am talking about the real rest that begins in the depths of a man's heart and is manifested in his everyday life.

People are overloaded like the two trucks that can be seen on the inside cover of this feat.

In this case, it is the trucks and drivers who refuse to obey the highway code and the loading regulations.

The passengers have something to do with it too. They agree to take the risk with their goods.

You only live once and after that comes the Last Judgment in which all men will be accountable to God.

People are loaded, but they are not tired yet. Or they don't know where to drop their loads.

The call comes from the Lord and the answer should come from the one who is loaded and tired.

How long will you continue to carry this load:
- Fornication,
- Impurity,
- Dissolution,
- Idolatry,
- Magic,
- Enmities,
- Quarrels,
- Jealousies,
- Animosities,
- Disputes,
- Divisions and
- Sects
- Envy,

- Drunkenness,
- Overeating and
- Similar things.

The aforementioned load is greater than that of the two trucks on the inside cover of this book.

These pagan burdens are partially found in our local churches where there are very few virgin girls because immodality and infidelity have invaded us.

Divisions in families and in society unknowingly weaken us.

At the table, it is competition driven by envy and drunkenness and overeating.

The others are overloaded with hatred and jealousy as it was in the case of Cain who killed his own brother.

God's Children who no longer speak to each other and who curse each other, sometimes just for trivial matters!

It is high time that we go to the One who has the first and the last in the life of us!

He invites us to come and deposit our loads with him and promises to give us rest.

Yes, it is Jesus who is the Lord of the Sabbath. By having a personal encounter with him, one obtains true rest.

His yoke is gentle and his burden is light.

In him, we have a double mission:
- Belong to him and
- Serve him.

By keeping his precepts which will lead us in peace and justice.

It is not enough to serve the Lord. It will take a good and faithful servant to obtain the crown of glory.

And the rulebook in spiritual matter which is the basis of all areas of life is to remain in:
- The faith,
- Obedience

- Loyalty and
- Discipline.

We cannot create a ministry in another ministry because we are not in competition, but work together for the advancement of the kingdom of God in our dispensation.

We cannot claim to have in ourselves the 5 ministries and we cannot neglect the gift of others.

The physical, material, financial and emotional loads depend on the spiritual load which is in us.

It is abnormal to put your suitcase on its legs in a vehicle. It should be placed in the place provided for the luggage.

Sin is an overload that brings its holder to death.

We will have to get rid of sin by believing in Jesus and making the firm decision to follow him all the rest of the days of our trot on this man.

In a couple, after fertilization, it is the woman who takes charge of the future child in the pregnancy, and that without parity.

But the material and financial burden of supporting the woman during this period most often falls on the father of the future child.

It is for this that we ask couples to contain themselves in order to have children that they can grow well, without the latter being an overload.

The pleasure of this world is like a pill given to a child. There is a small layer of sugar on its surface, but as soon as the sick child is given water to drink, he is forced to swallow it.

Let us not be slaves to the pleasure of this world. Not everything that happens on television, in society or in social media is good food for the survival of the inner man and the outer man.

We must make the right choice because the spiritual overload precipitates the physical, material, financial and even emotional life of the person.

God needs our hearts to announce the Good News to those who are still under the yoke of the flesh without knowing what awaits them behind the last rectangle.

And the devil forces the door of our heart to manifest his wickedness and his hatred for no valid reason towards men!

We all have 24 hours in a day. But each of us must learn to manage time so as not to be unnecessarily overloaded!

Everyone has a special burden because we do not have the same responsibilities and the same charges.

True peace and true rest are in Jesus, for they lead us into eternal life.

The Author

VERSION ITALIENNE
VERSIONE ITALIANA

SOVRACCARICO

Sylvanus MW

SOVRACCARICO

INTRODUZIONE

"Venite a me, voi tutti che siete stanchi e oppressi, e io vi darò riposo.

Prendete il mio giogo su di voi e ricevete le mie istruzioni, poiché sono mite e modesto di cuore; e troverai riposo per le tue anime.

Poiché il mio giogo è dolce e il mio carico è leggero. " Matteo 11: 28-30

Senza Gesù non ci sarà riposo. Sto parlando del vero riposo che inizia nel profondo del cuore di un uomo e si manifesta nella sua vita di tutti i giorni.

Le persone sono sovraccariche come i due camion che si possono vedere sulla copertina interna di questa impresa.

In questo caso, sono i camion e gli autisti che si rifiutano di obbedire al codice della strada e alle norme di carico.

Anche i passeggeri hanno qualcosa a che fare con questo. Accettano di correre il rischio con le loro merci.

Vivi solo una volta e poi arriva il Giudizio Universale in cui tutti gli uomini dovranno rendere conto a Dio.

La gente è carica, ma non è ancora stanca. Oppure non sanno dove depositare i loro carichi.

La chiamata viene dal Signore e la risposta deve venire da chi è carico e stanco.

Per quanto tempo continuerai a portare questo carico:

- Fornicazione,
- Impurità,
- Scioglimento,
- Idolatria,
- Magia,
- Inimicizie,
- Litigi,
- Gelosie,

- Animosità,
- Controversie,
- Divisioni e
- Sette
- Invidia,
- ubriachezza,
- Mangiare troppo e
- Cose simili.

Il suddetto carico è maggiore di quello dei due camion sulla copertina interna di questo libro.

Questi fardelli pagani si trovano in parte nelle nostre chiese locali dove ci sono pochissime ragazze vergini perché l'immodalità e l'infedeltà ci hanno invaso.

Le divisioni nelle famiglie e nella società ci indeboliscono inconsapevolmente.

A tavola è competizione guidata dall'invidia, dall'ubriachezza e dall'eccesso di cibo.

Gli altri sono sovraccarichi di odio e gelosia come nel caso di Caino che ha ucciso suo fratello.

Figli di Dio che non si parlano più e che si maledicono, a volte solo per cose banali!

È ora che andiamo da Colui che ha il primo e l'ultimo nella nostra vita!

Ci invita a venire a depositare i nostri carichi presso di lui e ci promette di riposarci.

Sì, è Gesù il Signore del sabato. Avendo un incontro personale con lui, si ottiene il vero riposo.

Il suo giogo è dolce e il suo carico è leggero.

In lui abbiamo una doppia missione:
- Appartengono a lui e
- Servitelo.

Osservando i suoi precetti che ci condurranno in pace e giustizia.

Non è sufficiente servire il Signore. Ci vorrà un servitore buono e fedele per ottenere la corona di gloria.

E il regolamento in materia spirituale che è alla base di tutti gli ambiti della vita è rimanere in:

-La fede,

- Obbedienza

- Lealtà e

- Disciplina.

Non possiamo creare un ministero in un altro ministero perché non siamo in competizione, ma lavoriamo insieme per il progresso del regno di Dio nella nostra dispensazione.

Non possiamo pretendere di avere in noi i 5 ministeri e non possiamo trascurare il dono degli altri.

I carichi fisici, materiali, finanziari ed emotivi dipendono dal carico spirituale che è in noi.

È anormale mettere la valigia sulle gambe in un veicolo. Dovrebbe essere collocato nel luogo previsto per i bagagli.

Il peccato è un sovraccarico che porta alla morte il suo detentore.

Dovremo sbarazzarci del peccato credendo in Gesù e prendendo la ferma decisione di seguirlo per tutto il resto dei giorni del nostro trotto su quest'uomo.

In una coppia, dopo la fecondazione, è la donna che si prende cura del nascituro in gravidanza e quello senza parità.

Ma l'onere materiale e finanziario di sostenere la donna durante questo periodo ricade molto spesso sul padre del futuro bambino.

Per questo chiediamo alle coppie di contenersi per avere figli che possano crescere bene, senza che questi ultimi siano un sovraccarico.

Il piacere di questo mondo è come una pillola data a un bambino. C'è un piccolo strato di zucchero sulla sua superficie, ma non appena viene data acqua da bere al bambino malato, è costretto a ingoiarla.

Non siamo schiavi del piacere di questo mondo. Non tutto ciò che accade in televisione, nella società o nei social media è un buon cibo per la sopravvivenza dell'uomo interiore e dell'uomo esteriore.

Dobbiamo fare la scelta giusta perché il sovraccarico spirituale accelera la vita fisica, materiale, finanziaria e persino emotiva della persona.

Dio ha bisogno del nostro cuore per annunciare la Buona Novella a coloro che sono ancora sotto il giogo della carne senza sapere cosa li attende dietro l'ultimo rettangolo.

E il diavolo costringe la porta del nostro cuore a manifestare la sua malvagità e il suo odio senza motivo valido verso gli uomini!

Abbiamo tutti 24 ore al giorno. Ma ognuno di noi deve imparare a gestire il tempo per non essere sovraccaricato inutilmente!

Ognuno ha un peso speciale perché non abbiamo le stesse responsabilità e gli stessi oneri.

La vera pace e il vero riposo sono in Gesù, poiché ci conducono alla vita eterna.

L'Autore

VERSION ESPAGNOLE
VERSIÓN EN ESPAÑOL

SOBRECARGA

Sylvanus MW

SOBRECARGA

INTRODUCCIÓN

"Venid a mí todos los que estáis cansados y agobiados, y yo os haré descansar.

Carguen con mi yugo y reciban mis instrucciones, porque soy manso y humilde de corazón; y encontraréis descanso para vuestras almas.

Porque mi yugo es fácil y ligera mi carga. " Mateo 11: 28-30

Sin Jesús no habrá descanso. Me refiero al descanso real que comienza en lo más profundo del corazón de un hombre y se manifiesta en su vida cotidiana.

La gente está sobrecargada como los dos camiones que se pueden ver en la portada interior de esta hazaña.

En este caso, son los camiones y los conductores los que se niegan a obedecer el código de circulación y las normas de carga.

Los pasajeros también tienen algo que ver. Acuerdan correr el riesgo con sus bienes.

Solo se vive una vez y después viene el Juicio Final en el que todos los hombres serán responsables ante Dios.

La gente está cargada, pero aún no está cansada. O no saben dónde dejar sus cargas.

El llamado viene del Señor y la respuesta debe venir del que está cargado y cansado.

¿Cuánto tiempo continuará cargando esta carga?

- Fornicación,
- Impureza,
- Disolución,
- Idolatría,
- Magia,
- Enemistades,
- Peleas,
- Celos,
- Animosidades,
- Disputas,
- Divisiones y
- Sectas
- Envidia,

- Embriaguez,
- Comer en exceso y
- Cosas similares.

La carga antes mencionada es mayor que la de los dos camiones en la portada interior de este libro.

Estas cargas paganas se encuentran parcialmente en nuestras iglesias locales donde hay muy pocas muchachas vírgenes porque la inmodalidad y la infidelidad nos han invadido.

Las divisiones en las familias y en la sociedad nos debilitan sin saberlo.

En la mesa, es una competencia impulsada por la envidia, la embriaguez y la comida en exceso.

Los demás están sobrecargados de odio y celos como fue el caso de Caín que mató a su propio hermano.

Hijos de Dios que ya no se hablan y se maldicen, ¡a veces solo por asuntos triviales!

¡Ya es hora de que vayamos a Aquel que tiene lo primero y lo último en nuestra vida!

Nos invita a venir a depositar nuestras cargas con él y promete darnos descanso.

Sí, es Jesús quien es el Señor del sábado. Al tener un encuentro personal con él, se obtiene el verdadero descanso.

Su yugo es suave y su carga ligera.

En él, tenemos una doble misión:
- Le pertenece y
- Sírvele.

Manteniendo sus preceptos que nos conducirán en paz y justicia.

No basta con servir al Señor. Se necesitará un siervo bueno y fiel para obtener la corona de gloria.
Y el libro de reglas en materia espiritual que es la base de todas las áreas de la vida es permanecer en:
- Fe,
- Obediencia

- Lealtad y
- Disciplina.

No podemos crear un ministerio en otro ministerio porque no estamos en competencia, sino que trabajamos juntos para el avance del reino de Dios en nuestra dispensación.

No podemos pretender tener en nosotros los 5 ministerios y no podemos descuidar el don de los demás.

Las cargas físicas, materiales, económicas y emocionales dependen de la carga espiritual que hay en nosotros.

Es anormal poner su maleta sobre sus patas en un vehículo. Debe colocarse en el lugar previsto para el equipaje.

El pecado es una sobrecarga que lleva a la muerte a su poseedor.

Tendremos que deshacernos del pecado creyendo en Jesús y tomando la firme decisión de seguirlo el resto de los días de nuestro trote sobre este hombre.

En una pareja, después de la fecundación, es la mujer quien se hace cargo del feto en el embarazo y eso sin paridad.

Pero la carga material y financiera de mantener a la mujer durante este período recae con mayor frecuencia en el padre del futuro hijo.

Por eso pedimos a las parejas que se contengan para tener hijos que puedan crecer bien, sin que esto último sea una sobrecarga.

El placer de este mundo es como una pastilla que se le da a un niño. Hay una pequeña capa de azúcar en su superficie, pero tan pronto como el niño enfermo recibe agua para beber, se ve obligado a tragarla.

No seamos esclavos del placer de este mundo. No todo lo que sucede en la televisión, en la sociedad o en las redes sociales es un buen alimento para la supervivencia del hombre interior y del hombre exterior.

Debemos tomar la decisión correcta porque la sobrecarga espiritual precipita la vida física, material, financiera e incluso emocional de la persona.

Dios necesita nuestro corazón para anunciar la Buena Nueva a los que aún están bajo el yugo de la carne sin saber lo que les espera detrás del último rectángulo.

¡Y el diablo obliga a la puerta de nuestro corazón a manifestar su maldad y su odio sin razón válida hacia los hombres!

Todos tenemos 24 horas al día. ¡Pero cada uno de nosotros debe aprender a administrar el tiempo para no sobrecargarnos innecesariamente!

Todos tenemos una carga especial porque no tenemos las mismas responsabilidades ni los mismos cargos.

La verdadera paz y el verdadero descanso están en Jesús, porque nos llevan a la vida eterna.

El Autor

VERSION PORTUGAISE
VERSÃO EM PORTUGUÊS

SOBRECARGA

Sylvanus MW

SOBRECARGA

INTRODUÇÃO

"Venham a mim, todos vocês que estão cansados e oprimidos, e eu os aliviarei.

Tome meu jugo sobre você e receba minhas instruções, pois sou manso e humilde de coração; e você encontrará descanso para suas almas.

Pois meu jugo é suave e meu fardo é leve. " Mateus 11: 28-30

Sem Jesus não haverá descanso. Estou falando sobre o verdadeiro descanso que começa nas profundezas do coração de um homem e se manifesta em sua vida cotidiana.

As pessoas estão sobrecarregadas como os dois caminhões que podem ser vistos na contracapa deste feito.

Nesse caso, são os caminhões e motoristas que se recusam a obedecer ao código da estrada e às normas de carregamento.

Os passageiros também têm algo a ver com isso. Eles concordam em assumir o risco com suas mercadorias.

Você só vive uma vez e depois disso vem o Juízo Final, no qual todos os homens prestarão contas a Deus.

As pessoas estão carregadas, mas ainda não estão cansadas. Ou não sabem onde largar suas cargas.

O chamado vem do Senhor e a resposta deve vir de quem está carregado e cansado.

Por quanto tempo você continuará a carregar esta carga:
- Fornicação,
- Impureza,
- Dissolução,
- Idolatria,
-Magia,
- Inimizades,
- Querelas,
- Ciúmes,

- Animosidades,
- Disputas,
- Divisões e
- Seitas
- Inveja,
- Embriaguez,
- Comer demais e
- Coisas semelhantes.

A carga mencionada é maior do que a dos dois caminhões da capa interna deste livro.

Esses fardos pagãos são parcialmente encontrados em nossas igrejas locais, onde há muito poucas meninas virgens, porque a imodalidade e a infidelidade nos invadiram.

As divisões nas famílias e na sociedade nos enfraquecem sem saber.

Na mesa, é a competição impulsionada pela inveja, pela embriaguez e pela comida em excesso.

Os outros estão sobrecarregados de ódio e ciúme como no caso de Caim que matou seu próprio irmão.

Filhos de Deus que já não se falam e que se amaldiçoam, às vezes apenas por questões triviais!

Já é tempo de irmos para Aquele que tem o primeiro e o último na nossa vida!

Ele nos convida a vir e depositar nossa carga com ele e promete nos dar descanso.

Sim, é Jesus o Senhor do sábado. Ao ter um encontro pessoal com ele, obtém-se o verdadeiro descanso.

Seu jugo é suave e seu fardo é leve.

Nele temos uma dupla missão:
- Pertencem a ele e
- Sirva ele.

Guardando seus preceitos que nos levarão à paz e à justiça.

Não basta servir ao Senhor. Será necessário um servo bom e fiel para obter a coroa da glória.

E o livro de regras em matéria espiritual, que é a base de todas as áreas da vida, é permanecer em:

- Fé,
- Obediência
- Lealdade e
- Disciplina.

Não podemos criar um ministério em outro ministério porque não estamos competindo, mas trabalhamos juntos para o avanço do reino de Deus em nossa dispensação.

Não podemos reivindicar ter em nós os 5 ministérios e não podemos negligenciar o dom dos outros.

As cargas físicas, materiais, financeiras e emocionais dependem da carga espiritual que está em nós.

É anormal colocar sua mala sobre as pernas em um veículo. Deve ser colocado no local previsto para a bagagem.

O pecado é uma sobrecarga que leva seu portador à morte.

Teremos que nos livrar do pecado crendo em Jesus e tomando a firme decisão de segui-lo pelo resto dos dias de nosso trote sobre este homem.

No casal, após a fecundação, é a mulher que se encarrega do feto na gravidez e sem paridade.

Mas o fardo material e financeiro de sustentar a mulher durante esse período recai na maioria das vezes sobre o pai do futuro filho.

É por isso que pedimos aos casais que se contenham para ter filhos que possam crescer bem, sem que estes sejam uma sobrecarga.

O prazer deste mundo é como uma pílula dada a uma criança. Há uma pequena camada de açúcar em sua superfície, mas assim que a criança doente recebe água para beber, ela é forçada a engoli-la.

Não sejamos escravos do prazer deste mundo. Nem tudo o que acontece na televisão, na sociedade ou nas redes sociais é um bom alimento para a sobrevivência do homem interior e do homem exterior.

Devemos fazer a escolha certa porque a sobrecarga espiritual precipita a vida física, material, financeira e até emocional da pessoa.

Deus precisa de nossos corações para anunciar a Boa Nova para aqueles que ainda estão sob o jugo da carne, sem saber o que os espera atrás do último retângulo.

E o diabo força a porta do nosso coração para manifestar sua maldade e seu ódio sem motivo válido para com os homens!

Todos nós temos 24 horas por dia. Mas cada um de nós deve aprender a administrar o tempo para não ficar desnecessariamente sobrecarregado!

Todos têm um fardo especial porque não temos as mesmas responsabilidades e os mesmos encargos.

A verdadeira paz e o verdadeiro descanso estão em Jesus, pois eles nos conduzem à vida eterna.

O Autor

VERSION CHINOISE

中文版

SOBRECARGA

Sylvanus MW

超载

介绍

“来吧，你们所有人都感到疲倦和负担，我会给你们休息的。我要向你轭，接受我的指示，因为我温柔谦卑。 你会为自己的灵魂找到安息。

因为我的轭很容易，而我的负担却很轻。
“马太福音11：28-30

没有耶稣，就不会有安息。
我说的是真正的休息，开始于一个人的内心深处，并体现在他的日常生活中。

人们超载，就像在此专案内页上可以看到的两辆卡车一样。

在这种情况下，卡车和驾驶员拒绝遵守高速公路法规和装载规定。

乘客也与此有关。
他们同意冒险冒险带走自己的货物。

你只活一次，然后是最后的审判，在那审判中，所有人都要向上帝负责。

人们很忙，但他们还不累。
否则，他们不知道将负载放到哪里。

召唤是从耶和华那里来的，而答案应该是来自那疲倦的人。

您将继续承担此负载多长时间：
-通奸
- 不纯，
-解散,
-偶像崇拜
- 魔法,
-敌人，
-吵架
-嫉妒,
-虚无,
-争议，
-部门和
-宗派
- 嫉妒,
-酒醉
-暴饮暴食和

-相似的东西。

前面提到的负载大于本书内页上的两辆卡车的负载。

这些异教徒的负担在我们当地的教堂中部分地被发现，那里的处女很少，因为模样和不忠侵略了我们。

家庭和社会的分裂在不知不觉中削弱了我们。

在餐桌上，竞争是嫉妒，醉酒和暴饮暴食所驱动的。

其余的人充满了仇恨和嫉妒，就像该隐杀害自己兄弟的情况一样。

上帝的儿女不再互相说话，互相诅咒，有时只是为了琐碎的事情！

现在是时候到我们拥有人生第一与最后的那一位了！

他邀请我们到他身边来存放我们的重担，并保证让我们休息。

是的，是安息日的主耶稣。
通过与他的亲密接触，可以得到真正的休息。

他的轭很温柔，负担很轻。

在他里面，我们有双重使命：

-属于他,

-为他服务。

通过遵守他的戒律，这将带领我们进入和平与正义。侍奉主是不够的。
一个好的和忠实的仆人才能获得荣耀的冠冕。
作为生活所有领域基础的精神物质规则手册应保留在：
-信仰,
-服从
-忠诚度和
-纪律。

我们不能在另一个部门中建立一个部门，因为我们不是在竞争中，而是在我们的分工中共同努力促进神的国度的发展。

我们不能声称自己拥有五个部委，也不能忽略其他人的恩赐。

身体，物质，经济和情感上的负担取决于我们内在的精神上的负担。

将手提箱放在车上的腿上是不正常的。
应将其放在行李提供的地方。

罪过重，致死。我们将必须相信耶稣，并做出坚定的决定，跟随我们在这个小伙子身上走过的所有其余日子，来摆脱罪恶。

在一对夫妇中，受精后，由妇女负责怀孕中的未出生孩子和没有胎龄的妇女。

但是，在此期间抚养妇女的物质和经济负担通常落在未来孩子的父亲身上。这就是为什么我们要求夫妇控制自己，以便让孩子能够长得很好，而又不至于让他们超负荷。

这个世界的快乐就像给孩子服用的药一样。
它的表面有一小层糖，但是一旦给患病的孩子喝水，他就被迫吞下糖。

不要让我们成为这个世界的快乐的奴隶。
并非电视，社会或社交媒体上发生的一切都是内在人和外在人生存的好食物。

我们必须做出正确的选择，因为精神上的负担会使人的身体，物质，经济乃至情感生活更加活跃。

上帝需要我们的心向那些仍在肉体约束之下的人宣扬好消息，却不知道在最后一个长方形后面等待着他们的是什么。

魔鬼无缘无故地迫使我们内心的大门表现出他的邪恶和仇恨！

我们全天都有24小时。
但是我们每个人都必须学会管理时间，以免造成不必要的负担！

每个人都有特殊的负担，因为我们没有相同的责任和相同的收费。

真正的平安与真正的安息在耶稣里面，因为它们带领我们进入永生。

作者

VERSION JAPONAISE

日本語版

超载

Sylvanus MW

オーバーロード

前書き

「私に来てください、疲れていて重荷を負っているすべての人、そして私はあなたに休息を与えます。

私のくびきをあなたに向けて、私の指示を受けてください。私は穏やかで心が低いからです。
そしてあなたはあなたの魂のために休息を見つけるでしょう。

私のくびきは簡単で、私の負担は軽いからです。「マタイ11：28-30

イエスがいなければ、休むことはできません。
私は男の心の奥底から始まり、彼の日常生活に現れる本当の休息について話している。

この偉業の表紙の内側に見られる2台のトラックのように人々は過負荷になっています。

この場合、高速道路の規則と積載規則に従うことを拒否するのはトラックとドライバーです。乗客もそれと関係があります。
彼らは彼らの商品で危険を冒すことに同意します。あなたは一度だけ生き、その後、すべての人が神に責任を持つ最後の審判が来ます。人々はロードされていますが、彼らはまだ疲れていません。
または、荷物をどこに落とすかわからない。

呼びかけは主から来て、答えは荷を積んで疲れている人から来るべきです。

この荷物をどのくらい持ち続けますか：
-淫行、
-不純物、
-解散、
-偶像崇拝、
-マジック、
-敵対者、
-喧嘩、
-嫉妬、
-敵意、
-紛争、

-部門と
-宗派
-羨望、
-酩酊、
-食べ過ぎと
-同様のこと。

前述の負荷は、この本の表紙の内側にある2台のトラックの負荷よりも大きくなっています。

これらの異教の重荷は、非モダリティと不貞が私たちに侵入したために、処女の女の子がほとんどいない私たちの地元の教会で部分的に見られます。家族や社会の分裂は無意識のうちに私たちを弱体化させます。テーブルでは、それは羨望と酩酊と食べ過ぎによって引き起こされる競争です。他の人々は、自分の兄弟を殺したカインの場合のように、憎しみと嫉妬でいっぱいになっています。

もはやお互いに話したり、お互いを呪ったりする神の子供たち、時には些細なことのために！

私たちの人生の最初と最後を持っている方に行く時が来ました！彼は私たちに来て私たちの荷物を彼に預けるように勧め、私たちに休息を与えると約束します。そうです、安息日の主であるのはイエスです。

彼と個人的に出会うことで、真の休息を得ることができます。彼のくびきは穏やかで、彼の負担は軽いです。

彼には二重の使命があります。
-彼に属し、
-彼に仕えなさい。

私たちを平和と正義に導く彼の戒律を守ることによって。

主に仕えるだけでは十分ではありません。
栄光の冠を手に入れるには、善良で忠実な僕が必要です。

そして、人生のすべての分野の基礎である精神的な問題のルールブックは、次の場所にとどまることになっています。
-信仰、
-服従
-忠誠心と
-規律。

私たちは競争していないので、他のミニストリーにミニストリーを作ることはできませんが、私たちの分与において神の国の進歩のために協力します。

私たちは自分たちに5つの省庁があると主張することはできず、他の人の賜物を無視することもできません。肉体的、物質的、経済的、感情的な負荷は、私たちの中にある精神的な負荷に依存します。

車の中でスーツケースを足に乗せるのは異常です。荷物用に用意された場所に配置する必要があります。罪はその所有者を死に至らしめる過負荷です。

私たちは、イエスを信じて、この人に対する私たちの速歩の残りの日中ずっと彼に従うという確固たる決断をすることによって、罪を取り除く必要があります。夫婦では、受精後、妊娠中の胎児を担当するのは女性であり、それは平等ではありません。

しかし、この期間中に女性を支援することの物質的および経済的負担は、ほとんどの場合、将来の子供の父親にかかります。

だからこそ、私たちはカップルに、子供が過負荷になることなく、よく成長できる子供を産むために、自分自身を封じ込めるように求めています。

この世界の喜びは、子供に与えられる丸薬のようなものです。その表面には砂糖の小さな層がありますが、病気の子供が飲む水を与えられるとすぐに、彼はそれを飲み込むことを余儀なくされます。

この世界の喜びの奴隷にならないようにしましょう。
テレビ、社会、ソーシャルメディアで起こるすべてが、内なる人と外なる人の生存のための良い食べ物であるとは限りません。精神的な過負荷は人の肉体的、物質的、経済的、さらには感情的な生活を促進するので、私たちは正しい選択をしなければなりません。

神は、最後の長方形の後ろで何が彼らを待っているのかを知らずに、まだ肉のヨークの下にいる人々に良いたよりを発表するために私たちの心を必要としています。そして悪魔は私たちの心の扉に彼の邪悪さと憎しみを男性に対して正当な理由もなく明らかにするように強制します！

私たちは皆、1日24時間あります。
しかし、私たち一人一人は、不必要に過負荷にならないように時間を管理することを学ぶ必要があります！

私たちには同じ責任と同じ料金がないので、誰もが特別な負担を負っています。

真の平和と真の休息はイエスにあります。彼らは私たちを永遠の命に導くからです。

著者

VERSION HINDI

हिंदी संस्करण

अधिभार

Sylvanus MW

अधिभार

परिचय

“मेरे पास आओ, तुम सब जो थके और बोझ हैं, और मैं तुम्हें आराम दूंगा।

तुम पर मेरा जूआ उतारो और मेरे निर्देश प्राप्त करो, क्योंकि मैं कोमल और नीच हूं; और आप अपनी आत्माओं के लिए आराम पाएंगे।

मेरे लिए जूआ आसान है, और मेरा बोझ हल्का है। “ मत्ती 11: 28-30

यीशु के बिना कोई विश्राम नहीं होगा। मैं उस वास्तविक आराम के बारे में बात कर रहा हूं जो एक आदमी के दिल की गहराई में शुरू होता है और उसके रोजमर्रा के जीवन में प्रकट होता है।

लोग उन दो ट्रकों की तरह ओवरलोडेड हैं जिन्हें इस करतब के अंदरूनी आवरण पर देखा जा सकता है।

इस मामले में, यह ट्रक और ड्राइवर हैं जो राजमार्ग कोड और लोडिंग नियमों का पालन करने से इनकार करते हैं।

यात्रियों का इससे कुछ लेना-देना भी है। वे अपने माल के साथ जोखिम लेने के लिए सहमत हैं।

आप केवल एक बार रहते हैं और उसके बाद अंतिम निर्णय आता है जिसमें सभी लोग परमेश्वर के प्रति जवाबदेह होंगे।

लोगों को भरी हुई है, लेकिन वे अभी तक थके नहीं हैं। या वे नहीं जानते कि उनका भार कहां छोड़ना है।

प्रभु से कॉल आता है और जवाब उसी से आना चाहिए जो भरी हुई और थकी हुई है।

आप इस लोड को कब तक जारी रखेंगे:

- व्यभिचार,

- अशुद्धता,

- विघटन,

- मूर्तिपूजा,

- जादू,

- दुश्मनी,

- झगड़े,

- ईर्ष्या,

- दुश्मनी,

- विवाद,

- विभाजन और

- संप्रदाय

- ईर्ष्या,

- नशे,

- ओवर और

- वे समान।

उपरोक्त भार इस पुस्तक के अंदरूनी आवरण पर दो ट्रकों से अधिक है।

ये बुतपरस्त लोग आंशिक रूप से हमारे स्थानीय चर्चों में पाए जाते हैं जहाँ बहुत कम कुंवारी लड़कियाँ हैं क्योंकि अमरता और बेवफाई ने हम पर आक्रमण किया है।

परिवारों और समाज में विभाजन अनजाने में हमें कमजोर करते हैं।

मेज पर, यह ईर्ष्या और मादकता और अधिकता से प्रेरित प्रतियोगिता है।

दूसरों को घृणा और ईर्ष्या से भरा हुआ है क्योंकि यह कैन के मामले में था जिसने अपने ही भाई को मार डाला था।

भगवान के बच्चे जो अब एक दूसरे से बात नहीं करते हैं और जो एक दूसरे को शाप देते हैं, कभी-कभी सिर्फ तुच्छ मामलों के लिए!

यह उच्च समय है कि हम उस व्यक्ति के पास जाएं जो हमारे जीवन में पहला और अंतिम है!

वह हमें अपने साथ आने और अपने भार को जमा करने के लिए आमंत्रित करता है और हमें आराम देने का वादा करता है।

जी हाँ, यह यीशु है जो सब्त के दिन प्रभु है। उसके साथ एक व्यक्तिगत मुठभेड़ होने से, एक व्यक्ति को सच्चा आराम मिलता है।

उसका जूड़ा कोमल है और उसका बोझ हल्का है।

उस में, हमारे पास एक दोहरा मिशन है:

- उससे संबंधित और
- उसकी सेवा करें।

उनकी उपदेशों को ध्यान में रखकर जो हमें शांति और न्याय में ले जाएगा।

प्रभु की सेवा करना पर्याप्त नहीं है। महिमा का मुकुट प्राप्त करने के लिए एक अच्छा और वफादार सेवक लगेगा।

और आध्यात्मिक मामले में नियम पुस्तिका जो जीवन के सभी क्षेत्रों का आधार है:

-विश्वास,

- आज्ञाकारिता

- वफादारी और

- अनुशासन।

हम दूसरे मंत्रालय में एक मंत्रालय नहीं बना सकते क्योंकि हम प्रतिस्पर्धा में नहीं हैं, लेकिन हमारे वितरण में परमेश्वर के राज्य की उन्नति के लिए मिलकर काम करते हैं।

हम अपने आप में 5 मंत्रालयों के होने का दावा नहीं कर सकते और हम दूसरों के उपहार की उपेक्षा नहीं कर सकते।

भौतिक, भौतिक, वित्तीय और भावनात्मक भार उस आध्यात्मिक भार पर निर्भर करते हैं जो हम में है।

वाहन में अपने सूटकेस को अपने पैरों पर रखना असामान्य है। इसे सामान के लिए प्रदान की गई जगह पर रखा जाना चाहिए।

पाप एक अधिभार है जो अपने धारक को मौत के घाट उतारता है।

हमें यीशु पर विश्वास करने और इस आदमी पर हमारे ट्रोट के बाकी दिनों में उसका पालन करने का दृढ़ निर्णय लेने से पाप से छुटकारा पाना होगा।

एक जोड़े में, निषेचन के बाद, यह वह महिला है जो गर्भावस्था में अजन्मे बच्चे की जिम्मेदारी लेती है और वह भी बिना समता के।

लेकिन इस अवधि के दौरान महिला का समर्थन करने की सामग्री और वित्तीय बोझ सबसे अधिक बार भविष्य के बच्चे के पिता पर पड़ता है।

यही कारण है कि हम जोड़ों को खुद को बच्चे पैदा करने के लिए कहते हैं कि वे अच्छी तरह से विकसित हो सकें, बिना बाद वाले को अधिभार दिए बिना।

इस दुनिया का आनंद एक बच्चे को दी जाने वाली गोली की तरह है। इसकी सतह पर चीनी की एक छोटी परत है, लेकिन जैसे ही बीमार बच्चे को पीने के लिए पानी दिया जाता है, वह इसे निगलने के लिए मजबूर होता है।

आइए हम इस दुनिया के आनंद के गुलाम न बनें। सब कुछ जो टेलीविजन पर, समाज में या सोशल मीडिया में नहीं होता है, वह आंतरिक व्यक्ति और बाहरी व्यक्ति के अस्तित्व के लिए अच्छा भोजन है।

हमें सही चुनाव करना चाहिए क्योंकि आध्यात्मिक अधिभार व्यक्ति के भौतिक, भौतिक, वित्तीय और यहां तक कि भावनात्मक जीवन को भी प्रभावित करता है।

परमेश्वर को हमारे दिल की ज़रूरत है कि वे उन लोगों को खुशखबरी सुनाएँ, जो अभी भी मांस के जुएँ के नीचे हैं, बिना यह जाने कि उन्हें अंतिम आयत के पीछे क्या इंतजार है।

और शैतान हमारे दिल के दरवाजे को अपनी दुष्टता और पुरुषों के प्रति कोई वैध कारण के लिए उसकी घृणा प्रकट करने के लिए मजबूर करता है!

हम सभी के पास दिन में 24 घंटे होते हैं। लेकिन हम में से प्रत्येक को समय का प्रबंधन करना सीखना चाहिए ताकि अनावश्यक रूप से अतिभारित न हों!

सभी पर एक विशेष बोझ है क्योंकि हमारे पास समान जिम्मेदारियां और समान शुल्क नहीं हैं।

सच्ची शांति और सच्चा आराम यीशु में है, क्योंकि वे हमें अनंत जीवन में ले जाते हैं।

लेखक

Sylvanus MW
You Tube: Dasylvah Only Jesus
Email: dasylvahmolvak@gmail.com

I want morebooks!

Buy your books fast and straightforward online - at one of world's fastest growing online book stores! Environmentally sound due to Print-on-Demand technologies.

Buy your books online at
www.morebooks.shop

Achetez vos livres en ligne, vite et bien, sur l'une des librairies en ligne les plus performantes au monde!
En protégeant nos ressources et notre environnement grâce à l'impression à la demande.

La librairie en ligne pour acheter plus vite
www.morebooks.shop

KS OmniScriptum Publishing
Brivibas gatve 197
LV-1039 Riga, Latvia
Telefax: +371 686 204 55

info@omniscriptum.com
www.omniscriptum.com

Printed by Books on Demand GmbH, Norderstedt / Germany